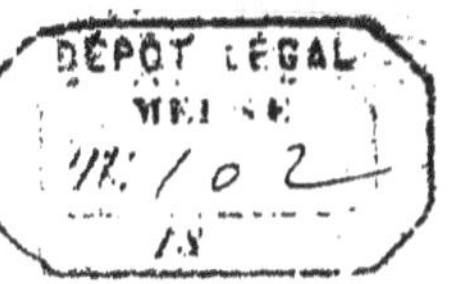

CHARLES LOYSEL

Des dons manuels

De la compensation

LIBRAIRIE
DE LA SOCIÉTÉ DU

RECUEIL SIREY

22, rue Soufflot, PARIS, 5ᵉ arrᵗ

L. LAROSE & L. TENIN, Directeurs

1913

DES
DONS MANUELS

Les donations entre vifs sont des contrats solennels qui, à raison de leur importance, doivent obéir à des règles spéciales :

1° Elles doivent intervenir sous la forme d'un acte notarié, et exigent la présence du notaire en second ou des deux témoins supplémentaires (art. 931) ;

2° Elles doivent être acceptées expressément par le donataire, et, jusqu'au jour de l'acceptation, n'engagent pas en principe le donateur (art. 932) ;

3° Quand il s'agit d'une donation mobilière, cette donation n'est valable qu'à la condition de s'accompagner d'un état estimatif signé du donateur et du donataire (art. 948) ;

4° A l'égard des tiers, la donation d'un immeuble n'est valable qu'à la condition d'être transcrite ;

5° Sous ces conditions, la donation est considérée comme parfaite sans qu'il soit nécessaire de recourir à aucune tradition ultérieure (art. 938) ;

6° Les donations supposent chez le donateur un dessaisissement actuel et irrévocable (art. 894) : « Donner et retenir ne vaut », disaient nos anciens auteurs.

Tels sont les principes de droit commun. Mais doivent-ils s'appliquer indistinctement à toute donation quelconque? Il faut répondre négativement.

A côté des donations entre époux qui obéissent à certaines règles de faveur, il y a quelques donations qui se trouvent, en partie, dispensées de l'observation des règles de droit commun. Il en est ainsi, par exemple, des donations indirectes, des donations déguisées, et surtout des dons manuels.

La donation indirecte est celle qui, tout en n'empruntant pas la forme habituelle des donations, constitue cependant, eu égard aux circonstances qui l'accompagnent, une disposition à titre gratuit ; il en est ainsi, par exemple, lorsqu'un vendeur vend sciemment pour 10.000 francs un immeuble qui en vaut 50.000. L'acheteur bénéficie, en pareil cas, d'une somme de 40.000 francs. Cette donation indirecte sera valable à la condition de suivre les règles de forme du contrat dont elle résulte.

Si la vente immobilière obéit aux conditions exigées pour le contrat de vente, la donation indirecte sera valable.

La donation déguisée est une donation indirecte où les parties ont caché le caractère gratuit de l'acte : c'est, par exemple, une vente où le vendeur vend pour 50.000 francs un immeuble qui en vaut réellement 50.000, où le vendeur donne à l'acheteur quittance d'une somme de 50.000 francs, mais où cette somme n'a pas été véritablement

versée par l'acheteur. Les donations déguisées sont tenues
pour valables par la jurisprudence, à la seule condition de
ne pas être faites dans un but de fraude à la loi. A ses yeux,
elles seront valables quand bien même elles seraient déguisées sous l'apparence d'un contrat à titre onéreux. La majo-
rité des auteurs prétend, au contraire, que la donation
déguisée ne doit pas être considérée comme valable si elle
est jointe à un contrat à titre onéreux qui n'est pas sérieux.

Enfin, le don manuel qui consiste dans la remise matérielle d'un objet corporel à celui que l'on veut gratifier,
obéit également à des règles qui lui sont propres. Et ces
règles interviennent de deux façons bien différentes :

1° Tantôt elles permettent au don manuel d'échapper à
certaines conditions exigées pour les donations ordinaires.

2° Tantôt au contraire, elles subordonnent le don manuel
à l'observation de conditions spéciales non exigées pour la
donation ordinaire. Dans deux paragraphes distincts nous
allons étudier successivement les unes et les autres. Puis,
dans un troisième paragraphe, nous rechercherons quels
sont les caractères qui sont tout à la fois communs aux donations et aux dons manuels.

I

Conditions dont se trouvent dispensés
les dons manuels.

1° Le don manuel qui s'effectue par une remise de la
main à la main n'exige pas la rédaction d'un acte notarié :

la solennité, dans le don manuel, résulte simplement de la tradition effectuée au profit du donataire, et c'est cette tradition qui le rend définitivement propriétaire.

2° L'acceptation expresse du donataire n'est pas davantage exigée dans le don manuel. Elle résulte de sa mise en possession. Il n'est donc pas tenu d'accepter sous forme expresse.

3° La donation manuelle ne portant que sur les meubles, échappe évidemment à la nécessité de la transcription.

4° Enfin, l'art. 948 qui exige un état estimatif pour toute donation mobilière est considéré comme n'étant applicable qu'aux seules donations dressées par acte notarié, et non pas aux donations dispensées de cette forme. Il sera donc inapplicable au don manuel.

II

Conditions spéciales imposées au don manuel.

1° Tandis que la donation ordinaire peut porter soit sur des meubles, soit sur des immeubles, le don manuel ne peut jamais porter que sur des meubles, et sur des meubles corporels. Il faut en déduire que le don manuel ne peut porter sur une créance. Le droit de créance est en effet distinct du titre écrit qui le constate, et ne s'incorpore pas dans cet écrit. Ce principe s'applique sans difficulté aux titres nominatifs. Mais, au contraire, on doit admettre que le titre au porteur peut faire l'objet d'un don manuel valable. Le droit du titulaire d'un titre au porteur s'incorpore en effet dans le titre qui le constate, et ce titre est donc susceptible de se transmettre de la main à la main.

2° Pour être considérée comme valable, la donation manuelle doit s'accompagner de la remise matérielle de la chose entre les mains du donataire. C'est la tradition effective et réelle de la chose qui assure la validité du don manuel. A cet égard le don manuel peut être considéré comme un véritable contrat réel. Nous avons vu, au contraire, que la donation ordinaire, une fois acceptée, est valable entre les parties, et que la propriété se trouve transférée sans qu'il soit besoin d'aucune autre tradition.

Pour le don manuel, le simple consentement des parties ne suffirait pas à transférer la propriété, et, jusqu'à la tradition effectuée, le donateur reste propriétaire. Jusqu'à cet instant, il doit donc supporter les risques.

III

Conditions communes aux dons manuels et aux donations.

Bien qu'à de nombreux égards, les dons manuels échappent aux règles des donations, et obéissent à des règles qui leur sont propres, elles n'en constituent pas moins des donations entre vifs. Il faudra notamment leur appliquer les règles des donations aux deux points de vue qui suivent :

1° Au point de vue de l'irrévocabilité ;

2° Au point de vue du rapport.

a) Après la tradition effectuée, la donation manuelle est irrévocable, et le donateur ne peut plus reprendre le bien donné.

b) D'autre part, le don manuel étant une libéralité entre vifs, est soumis au rapport sauf dans l'hypothèse où il a été fait par préciput et hors part. Le donataire d'un don manuel qui vient à la succession *ab intestat* du donateur, doit donc en principe rapporter à la masse la valeur de ce don manuel. Et comme il s'agit d'une donation mobilière, le rapport du don manuel doit se faire en moins prenant.

L'estimation de la chose donnée ne pourra se faire ici d'après l'état estimatif, puisque cet état n'existe pas. On estimera donc la valeur du bien donné au temps de la donation et au moyen d'une estimation par experts, à juste prix et sans crue.

Le don manuel fait sans dispense de rapport est-il toujours rapportable?

Il l'est en principe; mais si le donateur n'a aucunement disposé de sa quotité disponible, il est permis aux juges d'induire des circonstances de la cause, la volonté du donateur de dispenser du rapport le donataire du don manuel.

DE LA

COMPENSATION

Lorsque deux personnes se trouvent être créancières et débitrices l'une de l'autre, il semble tout naturel d'établir une balance entre leurs créances et leurs dettes, et d'éteindre les deux dettes jusqu'à concurrence de leurs quotités respectives.

Primus possède une créance de 100 sesterces contre Secundus, mais Secundus est lui-même créancier de Primus pour une somme de 20 sesterces. Va-t-on permettre à Primus de poursuivre Secundus pour la totalité de sa créance, c'est-à-dire pour 100 sesterces?

Faut-il au contraire l'obliger à tenir compte, dans sa poursuite, de la dette, de 20 sesterces dont il est redevable vis-à-vis de Secundus?

Faut-il l'obliger à déduire du montant de sa créance, le chiffre de sa propre dette?

Oui bien certainement : dans l'exemple proposé, Primus en poursuivant Secundus pour 100 sesterces, devra établir la balance entre cette créance et le chiffre de sa propre dette ; il ne pourra poursuivre que pour une somme de 100 diminuée de sa dette de 20 sesterces, c'est-à-dire, en définitive, pour une somme de 80 sesterces. Ce résultat semble tout naturel, et il peut se justifier par deux ordres de considérations :

1° Une considération d'équité : lorsque Primus poursuit Secundus pour la totalité de sa créance, et sans défalquer le montant de ce dont il est redevable, il demande en réalité plus qu'il ne lui est dû. Et si, sur cette poursuite, Secundus paie la totalité de sa dette, il paie plus qu'il ne doit, et, dans cette limite, s'expose à l'insolvabilité toujours possible de Primus. Il est donc équitable d'obliger Primus à restreindre sa poursuite, et de permettre à Secundus de ne payer que déduction faite de la somme dont il est lui-même créancier.

2° La compensation se justifie d'ailleurs par un motif de simplification pratique. Supposons que Primus poursuive Secundus pour les 100 sesterces qui lui sont dus. Il obtient 20 sesterces de plus qu'il ne lui est dû. Ces 20 sesterces, il lui faudra plus tard les restituer à Secundus. Et, pour effectuer cette restitution, il faudra recourir à un maniement de fonds que l'on aurait pu éviter en obligeant Primus à poursuivre Secundus jusqu'à concurrence de 80 sesterces seulement. La compensation permet donc de réaliser, à l'aide d'une opération unique, un double paiement :

1° Paiement de Primus à Secundus jusqu'à concurrence de 20 sesterces ;

2° Paiement de Secundus à Primus jusqu'à concurrence de 80 sesterces.

Elle réalise donc une simplification très appréciable, et évite les risques de perte ou de détérioration qui s'attachent toujours au maniement des espèces monnayées. Aussi, la plupart des législations admettent-elles la compensation comme un mode d'extinction des obligations.

Mais, lorsqu'il s'agit de savoir suivant quel procédé doit se réaliser la compensation dont on admet le principe, des différences très accentuées apparaissent entre les différentes législations. On peut, en effet, concevoir trois procédés très différents dans la réalisation de la compensation :

1° La compensation légale ;

2° La compensation conventionnelle ;

3° La compensation judiciaire.

a) Dans le premier cas, la compensation se réalise d'elle-même, par la seule force de la loi, et sans qu'il soit nécessaire de l'invoquer devant le juge. Les deux dettes s'éteignent alors réciproquement jusqu'à concurrence de leurs quotités respectives, et à l'insu même des débiteurs. C'est ce qui se passe en droit français où la compensation est en principe légale (art. 1289 et suiv., C. civ.). C'est la loi elle-même qui opère de plein droit la balance des créances et des dettes.

b) Dans le second cas, ce sont les parties qui, à l'aide d'une convention spéciale, opèrent elles-mêmes la balance de leurs créances et de leurs dettes.

c) Enfin, dans le troisième cas, la compensation est invoquée devant le juge, et au moyen d'une exception. Le défendeur poursuivi pour la totalité de sa créance oppose en compensation le montant de ce qui lui est dû, et c'est le juge qui établit la différence.

En droit français, avons-nous dit, la compensation est légale. Elle opère par la seule force de la loi. Mais, en droit romain, sous quelle forme se réalise-t-elle?

La grande différence qui sépare ici le droit français du droit romain, c'est qu'en droit français la compensation est légale, tandis qu'en droit romain elle ne l'est jamais et ne l'est jamais devenue.

Le droit romain a connu tout d'abord la compensation *conventionnelle*, et a fini par admettre la compensation *judiciaire*. Mais, la dernière étape n'a jamais été franchie : même après la réforme de Marc-Aurèle, même au temps de Justinien, la compensation romaine demeure essentiellement une compensation *judiciaire;* elle n'a jamais été légale. Dans trois paragraphes successifs, nous allons étudier quelles sont les conditions d'existence et les formes de la compensation romaine, en l'envisageant dans les trois époques de son évolution historique :

1° Dans le droit antérieur à la réforme de Marc-Aurèle;

2° Après la réforme de Marc-Aurèle;

3° Au temps de Justinien.

Nous rechercherons ensuite quels effets elle produit.

I

La compensation dans le droit antérieur
à la réforme de Marc-Aurèle.

Dans l'ancien droit romain, au temps de la procédure des actions de la loi, rien ne s'opposait à ce que les parties eussent recours à la compensation conventionnelle. Mais, au contraire, il leur était alors impossible d'user de la compensation judiciaire. Elles en étaient empêchées par le principe de *l'unité de question*, qui domine toute la procédure formulaire. Le défendeur poursuivi devant le juge déjà saisi de la prétention du demandeur, ne peut adresser au juge une seconde question. Il ne peut lui demander s'il est équitable de l'obliger à payer la totalité de la dette, quand il est lui-même créancier envers le demandeur. Devant le juge, le défendeur ne peut opposer à la demande exagérée du demandeur une demande reconventionnelle. Ce serait une seconde question à côté de la première, et la rapidité de la procédure ancienne répugne à ce retard et à cette complication.

Mais, au contraire, après la *Loi Æbutia* qui introduisit la procédure formulaire, il fut possible au défendeur poursuivi devant le juge, d'opposer sous forme d'exception la compensation de ce qui lui était dû. Cette réforme fut tout d'abord admise dans les contrats de bonne foi, et à raison même de la bonne foi. On considérait qu'il y avait dol de la part d'un créancier à réclamer la totalité de sa créance, sans en déduire sa dette, et on permettait au défendeur de lui opposer l'exception de dol. Dans les contrats de bonne foi, la compensation n'était alors possible qu'à plusieurs conditions :

1° Il fallait tout d'abord que la créance, invoquée en compensation par le défendeur, eût la même origine que la créance invoquée par le demandeur. Il fallait qu'elle fût née *ex eadem causâ*. Un dépositaire, poursuivi par le déposant en vertu du contrat de dépôt, pouvait invoquer la compensation des sommes qu'il avait dû dépenser pour la conservation de la chose, mais il n'aurait pu invoquer une créance née d'une source différente.

2° Il fallait, en outre, que la créance invoquée en compensation fût *liquide et exigible*.

Si le chiffre de la créance invoquée n'était pas déterminé d'une façon précise, ou si cette créance était une créance à terme, on ne pouvait l'invoquer en compensation.

Lorsqu'elle répondait à ces deux conditions, la créance née d'un contrat de bonne foi, pouvait faire l'objet d'une compensation, mais la compensation était *facultative*, et non forcée. Elle était facultative pour le défendeur qui n'était pas obligé de l'invoquer ; elle l'était également pour le juge qui n'était pas forcé d'en tenir compte. Ce caractère facultatif de la compensation fut d'ailleurs repoussé dans trois hypothèses où son application heurtait plus évidemment les principes d'équité :

1° Dans le cas de poursuite intentée par un banquier contre un emprunteur.

L'emprunteur pouvait invoquer la créance qu'il possé-
dait à l'encontre du banquier, et le juge ne pouvait écarter
l'exception.

2° L'acheteur des biens d'un insolvable mis en vente, le
bonorum emptor, devait, dans sa poursuite, tenir compte
des créances que pouvait avoir le débiteur sur les biens
successoraux. Il ne pouvait le poursuivre qu'en déduisant
les sommes ainsi dues par la succession : c'est la *deductio*
du *bonorum emptor.*

3° Il faut enfin citer une troisième hypothèse où la compensation n'était pas facultative : c'est l'hypothèse où le
mari poursuivi en restitution des biens dotaux, invoque,
en compensation de sa dette, les impenses qu'il a effectuées
sur ces biens dotaux.

II

La compensation dans le droit postérieur
à la réforme de Marc-Aurèle.

La réforme introduite par Marc-Aurèle en matière de
compensation s'inspire d'une considération d'équité : on
considéra qu'il y avait dol de la part d'un créancier à poursuivre son débiteur pour la totalité de la dette, quand il en
était lui-même débiteur. Et cette mauvaise foi fut considérée
comme existante même dans l'hypothèse où la créance
invoquée en compensation par le défendeur tirait son origine d'une source différente, même quand elle était née
ex dispari causâ. Marc-Aurèle permit donc au débiteur

d'invoquer la compensation d'une créance née *ex dispari causa*. Et cette réforme en entraîna nécessairement une autre non moins importante : la compensation qui, avant Marc-Aurèle, n'était possible que dans les contrats de bonne foi, fut désormais admise dans les contrats de droit strict. Elle fut donc généralisée, et devint un mode d'extinction du droit civil.

Mais, après la réforme de Marc-Aurèle, la compensation demeure une compensation judiciaire : elle doit être invoquée devant le juge.

III

La compensation dans le droit de Justinien.

Dans le droit de Justinien la compensation des banquiers et la *deductio* du *bonorum emptor* ont disparu. La compensation peut être invoquée *ex dispari causâ*, et il semble que Justinien permit de l'invoquer dans les actions réelles. Mais, par contre, et quoi qu'on en ait dit, même à l'époque de Justinien, la compensation opère judiciairement et non pas légalement. Certains commentateurs, et Pothier notamment rapportent l'opinion de certains jurisconsultes romains suivant lesquels la compensation opérerait de plein droit, *ipso jure*, au temps de Justinien.

On a voulu en déduire, qu'à cette époque, la compensation opérait de plein droit, par l'effet de la loi, et à l'insu même des parties. Mais on reconnaît aujourd'hui que telle n'était pas la pensée des jurisconsultes romains. En décidant que la compensation avait *lieu de plein droit*, ils voulaient simplement indiquer qu'elle pouvait avoir lieu sans qu'il fût besoin de recourir aux formalités exigées dans la procédure antérieure. Même au temps de Justinien, la compensation reste donc judiciaire et doit être invoquée devant le juge.

Les textes prouvent bien qu'il en était ainsi : si le défendeur néglige d'invoquer la créance dont il est titulaire, il sera condamné malgré l'existence de sa créance au temps de la poursuite.

IV

Effets de la compensation.

Lorsque le bien-fondé de l'exception invoquée par le défendeur était reconnu par le juge, elle avait toujours pour effet d'entraîner l'absolution du défendeur. Tel est le principe général. Et ce principe s'applique sans qu'il y ait lieu de distinguer entre les différents résultats de la compensation :

1° Il peut se faire que le chiffre de la créance opposée en compensation soit exactement égal à celui de la dette du défendeur. Il est évident, qu'en pareil cas, le défendeur devra être absous. Cette première hypothèse est d'ailleurs d'une application peu pratique.

2° Il peut arriver que le chiffre de la créance opposée en compensation soit supérieur au montant de la dette du défendeur. En droit français, le juge condamnerait le demandeur à payer le surplus. Mais le juge romain ne pouvait faire lui-même cette balance entre les deux dettes, et devait se contenter d'absoudre le défendeur.

3° Enfin, dans l'hypothèse la plus fréquente, la créance opposée en compensation par le défendeur était inférieure au montant de sa dette. Ici, le juge romain ne pouvait condamner le défendeur à payer le surplus.

On considérait, en effet, qu'il y avait mauvaise foi de la part du demandeur à agir, en pareil cas, pour la totalité de sa créance.

Le juge devait donc prononcer l'absolution du défendeur.

IMPRIMERIE
CONTANT-LAGUERRE

BAR-LE-DUC